AF348147

SEYMOUR DE RICCI

———

QUELQUES BIBLIOPHILES

I

M. JACQUES DOUCET

PLAISIR DE BIBLIOPHILE

1927

QUELQUES BIBLIOPHILES

I. M. JACQUES DOUCET

EUX petites pièces, au second étage d'une maison discrète, dans une rue paisible du Quartier Dauphine. Au sol, des nattes; au plafond, les verres dépolis d'un éclairage harmonieusement tamisé; aux murs, des armoires vitrées, très claires, très simples. Deux tables, quelques sièges signés de noms jeunes et très modernes. Tel est le cadre de la nouvelle bibliothèque Doucet.

Ce serait une sotte impertinence de vouloir présenter aux Parisiens M. Jacques Doucet. Depuis de longues années, il n'est point de personnalité plus sympathiquement familière aux habitués de toutes les manifestations artistiques; il n'en est point qui ait plus vivement piqué la curiosité du public, et cela bien à l'encontre de ses désirs. Ennemi jusqu'au scrupule de toute publicité, notre amateur n'a jamais parlé de lui-

même; toujours, il s'est effacé derrière ses
œuvres; mais celles-ci ont pris la parole à sa
place, et si haut et si fort que, dans toute la répu-
blique des lettres et des arts, on n'appellera
jamais autrement que « Bibliothèque Doucet »,
cette Bibliothèque d'art et d'archéologie, qui fut
donnée, voici dix ans, à l'Université de Paris.

*
* *

On était alors en pleine guerre : ceux que leur
âge tenait loin des camps trouvaient tout le loisir
d'une méditation féconde. M. Doucet venait de
faire don au pays de toute sa bibliothèque d'art;
il n'avait plus de livres et il se sentait isolé, en
ces heures sombres, sans ces compagnons
fidèles, ces confidents discrets que sont, pour le
vrai bibliophile, les volumes aimés. Il voulut
feuilleter quelques textes favoris, s'entourer de
quelques auteurs familiers; il ne lui en fallut
pas plus pour songer à jeter les fondations d'une
bibliothèque nouvelle.

« Dis-moi ce que tu collectionnes et je te
dirai ce que tu es », affirme témérairement la
sagesse des nations. Sans vouloir, en dénom-
brant des volumes, analyser l'âme d'un amateur,
il est bien permis de chercher, dans le choix des

2

livres d'une bibliothèque, quelques reflets de la personnalité de leur possesseur. Celui qui, chez M. Jacques Doucet, se proposerait cette tâche, risquerait fort, à la vérité, de s'égarer en route. Efforçons-nous pourtant, en quelques lignes, de caractériser le but et les tendances de cette collection, de marquer les efforts accomplis, de signaler quelques étapes notables de cette montée au Parnasse.

Depuis longtemps, M. Doucet admirait fort les œuvres d'André Suarès et d'André Gide. Il avait, dès leur publication, recueilli et les *Images de la grandeur* et les *Lais et Sônes*, et *Les Cahiers d'André Walter* et *Les Nourritures terrestres*.

A travers Suarès et Gide, il remonta à Rimbaud et à Verlaine, puis de Verlaine à Baudelaire, et de Baudelaire à Stendhal. Ces quelques noms lui fournirent la trame sur laquelle brodèrent sa fantaisie et ses préférences. Les souvenirs de ses relations personnelles avec plusieurs poètes et romanciers, le plaisir de témoigner sa sympathie à quelques écrivains vivants, ajoutèrent plus d'une pierre à l'édifice. Si bien qu'en moins de dix ans, sans peut-être l'avoir vraiment prémédité, il se trouva avoir constitué une fraction importante des archives littéraires françaises du XIXe et du XXe siècle.

Chemin faisant, il avait donc — avec d'autres tendances, mais avec quelque chose du même enthousiasme — continué la tâche entreprise il y a cinquante ans par Spoelberch de Lovenjoul. On sait tout ce que les lettres françaises doivent à ce gentilhomme belge, grâce auquel nous possédons à Chantilly une documentation complète sur toute l'époque romantique et parnassienne. Dans un champ bien moins vaste, mais avec la même élégante coquetterie du détail, M. Jacques Doucet a entrepris de constituer tout un ensemble de dossiers sur certains aspects particulièrement émouvants de notre évolution littéraire.

Sa sensibilité généreuse a toujours vibré au contact des efforts sincères; il n'a jamais caché sa réelle tendresse pour le courage malheureux, pour les humbles et les oubliés, pour un Lautréamont et pour un Germain Nouveau. S'il rend volontiers hommage aux gloires consacrées, il n'en recueille pas moins pieusement les œuvres des auteurs de second plan, de tous les jeunes écrivains d'hier et d'aujourd'hui. Son hospitalité éclairée s'étend à tous les artisans de lettres dédaignés par les autres collectionneurs. Les

efforts d'un André Breton et d'un Louis Aragon
sont accueillis sur ses rayons avec autant d'em-
pressement — plus peut-être — que bien des
pages d'un auteur à succès.

Assez moderne pour ne rien craindre des
audaces d'un Apollinaire, notre amateur sourit
avec indulgence aux témérités d'un Radiguet et
d'un Cocteau et s'efforce, jusque chez les Da-
daïstes et les Surréalistes, de découvrir dès
maintenant des paillettes d'or, devançant ainsi
sur bien des points les jugements probables de
la postérité.

La bibliographie officielle ensevelit, sous une
même poussière funèbre, les vers de Max Jacob
et les comptes rendus d'un Congrès de la Mu-
tualité. Le vrai collectionneur ne se croit pas
tenu à poursuivre cette chimère égalitaire : son
choix ne se laisse guider que par sa sensibilité
personnelle. Tout compte fait, c'est bien la bibliothèque de Jacques Doucet que nous avons
sous les yeux et non pas celle d'un autre.

*
* *

Tout d'abord, voici le coin des reliques, voici
l'armoire des manuscrits originaux. Pendant
longtemps, les pages autographes des auteurs

contemporains ont été dispersées au hasard des quatre vents de la petite brocante. Sans la ténacité d'un Lovenjoul, les papiers des grands romantiques auraient bien des fois péri, victimes de la négligence et de l'ignorance de leurs possesseurs. A la suite de Lovenjoul, l'initiative enthousiaste d'un Pierre Dauze, l'ardeur de quelques collectionneurs récents, comme M. Barthou et ses émules, ont porté au paroxysme le culte de ces reliques : la vente récente des papiers de Pierre Louÿs nous a montré à quel point les amateurs d'aujourd'hui recherchent jusqu'aux moindres miettes de papier tombées de la table des dieux.

Précurseur dans cette voie, comme en bien d'autres chemins, M. Jacques Doucet a su, avant tout autre, s'assurer la possession des principaux manuscrits de ses auteurs favoris. Correspondances, brouillons, œuvres entières, s'alignent sur ses rayons en volumes harmonieusement reliés. Verlaine, notamment, occupe une planche entière de l'armoire, avec une richesse de documentation qui fera la joie des chercheurs de l'avenir. Tout auprès, voici la première lettre de Baudelaire à Wagner, le manuscrit de *L'Immoraliste*, celui du *Poète assassiné*, celui enfin du *Château des Cœurs*, cette féerie due à la collaboration de Flaubert, de Louis Bouilhet et de Charles d'Osmoy.

Dans un autre ordre d'idées, voici de précieuses reliques de la bibliothèque de Stendhal : son *La Fontaine*, son *Shakespeare*, son *Télémaque*, son *Montesquieu*, son *Hudibras*, son *Conte du Tonneau*.

⁂

D'autres armoires renferment la riche série des textes imprimés. Ici encore, le goût sévère du collectionneur dicte à tout moment le choix de ses acquisitions. Chaque texte est représenté, avant tout, par l'édition originale, quelquefois aussi par les réimpressions postérieures, quand elles sont ou modifiées ou augmentées. S'il existe de l'édition un papier de choix, Hollande, Chine ou Japon, c'est celui-là qui devra figurer sur les rayons. S'il a été possible d'acquérir un exemplaire avec dédicace, il aura, bien entendu, obtenu la préférence.

Dans ces séries, peu ou point de livres « truffés » : ce que l'amateur a recherché, par-dessus tout, c'est l'exemplaire immaculé, tel qu'il a vu le jour, sans parures artificielles, sans ornements adventices.

7

Le volume type de cette section ce sera, si vous le voulez bien, l'exemplaire Noilly des *Fleurs du Mal*, sur papier de Hollande, avec envoi autographe à Paul de Saint-Victor et relié en maroquin doublé par Marius-Michel : le voilà bien le livre complet.

Ou encore cet exquis exemplaire sur Chine de *La Bonne Chanson*, avec une longue dédicace en vers, adressée par Verlaine à sa « bien-aimée Mathilde Mauté de Fleurville ».

*
* *

Comme l'avait fait Spoelberch de Lovenjoul, M. Jacques Doucet s'est attaché à recueillir les séries complètes des périodiques où les œuvres de « ses auteurs » ont paru en éditions originales (ou *préoriginales*, pour employer l'effroyable jargon des spécialistes). Il est beaucoup plus difficile, tous les amateurs le savent à leurs dépens, de se procurer un exemplaire complet de *La Conque* que d'acquérir bien des volumes célèbres et extrêmement recherchés. Mais la difficulté d'une tâche n'a jamais fait que stimuler l'ardeur ingénieuse de notre collectionneur. Plus son labeur sera pénible, moins il aura d'émules; plus aussi sa réussite lui vaudra-t-elle de satisfaction et de fierté. C'est donc chez M. Jacques

Doucet que nous irons désormais chercher ces
suites éphémères de fascicules multicolores où
le génie des jeunes auteurs s'épancha en pages
qu'ils croyaient définitives; revues mort-nées
dont à peine deux ou trois exemplaires échap-
pèrent à la destruction; feuilles méprisées jusqu'ici des collectionneurs, trop souvent inca-
pables de sortir de la voie que leur ont tracée
leurs devanciers; journaux littéraires dont certains, imprimés avec des « têtes de clous » sur
du papier à chandelles, évoquent par leur aspect
pitoyable les angoisses douloureuses de leurs
directeurs de jadis.

Dans ces archives de textes imprimés et
manuscrits, les livres à figures n'occupent
qu'une place infime. L'aspect typographique
des volumes n'a joué dans leur sélection qu'un
rôle des plus secondaires. La bibliothèque de
M. Doucet est une réunion de textes, un musée
sévèrement choisi de la prose et de la poésie
contemporaines.

*
* *

Dans une bibliothèque particulière, il n'est
point d'indice plus essentiel des tendances du
possesseur que la reliure dont il habille ses volumes. Là encore, notre attente ne sera pas

9

trompée ; là encore, M. Jacques Doucet affirme
sa personnalité artistique, avec la sûreté de
jugement, avec l'autorité qui ont marqué toute
sa carrière de collectionneur.

De rayon en rayon, des volumes notables ja-
lonnent l'évolution de son goût : assez conser-
vateur au début, héritier de traditions bibliophi-
liques déjà anciennes, il a senti peu à peu ses
préférences se préciser et s'affranchir. Ce pro-
grès dans le choix de ses reliures suit exacte-
ment dans ses étapes les développements de la
reliure française depuis dix ans : je devrais plu-
tôt dire qu'elle les précède, car c'est à l'impul-
sion généreuse de M. Doucet que nos artistes
ont dû de pouvoir sortir enfin des chemins
tracés où s'attardaient leurs initiatives asser-
vies. C'est lui qui a dit à un Legrain : « Cherchez,
travaillez, créez ; je vous soutiendrai de ma con-
fiance, je ne vous reprocherai pas vos insuccès
éventuels, car j'ai foi dans votre étoile. Voici
des livres tout neufs : habillez-les de vêtements
modernes. Pas de pastiches des siècles passés :
ne jetez pas sur le veston d'un Proust le même
manteau que sur le pourpoint d'un Ronsard.
Employez pour vos titres des caractères que vous
dessinerez tout exprès ; empruntez sans hésiter
aux peintres contemporains leurs mosaïques de

teintes vives, leurs jeux audacieux de formes
géométriques et de bandeaux rectilignes. Aimez-
vous l'or dans la décoration ? N'hésitez pas à
l'employer quand vous le jugerez nécessaire et
ne craignez pas de substituer aux timides
pointillages, aux maigres filets de vos devanciers, tout l'éclat métallique des belles surfaces
dorées. »

Encouragé, soutenu par ce Mécène éclairé,
Legrain s'est résolument engagé dans la voie où
le portait son inspiration. Ses envois successifs
aux différentes expositions ont permis aux amis
de la reliure de constater avec quel succès se
développait sa technique. Critérium infaillible
de l'individualité artistique, il a fait école. A ses
côtés, se sont formés des élèves, devenus à
leur tour des maîtres : Mademoiselle Rose
Adler, Mademoiselle Jeanne Langrand, Mademoiselle de Léotard, Mademoiselle Yvonne Olli-
vier, Mademoiselle Marguerite Bernard, dix
autres que j'oublie, attestent combien fécond a
été son exemple, combien heureuse son influence
sur cet art si français.

Ce qui marque d'un sceau commun toutes ces
reliures, dont M. Doucet a recueilli par centaines
les plus beaux exemples, est le souci perpétuel
de la *qualité* : qualité de la matière, qu'il s'agisse

du maroquin classique, si riche encore en possibilités décoratives, ou de substances nouvelles, métaux, peaux de sauriens, galuchats, vélins et papiers de fantaisie; qualité de la composition, toute de dignité, de mesure et de rythme; qualité enfin de l'exécution, car l'art de la reliure ne souffre ni la médiocrité, ni l'imprécision : un beau livre est un diamant dont la monture ne saurait être confiée qu'à un véritable orfèvre.

Si M. Doucet a longuement médité sur la reliure des livres, il ne s'est pas moins préoccupé de l'encadrement des peintures. Le premier, il s'est élevé contre la présentation d'un paysage impressionniste dans une baguette dorée de l'époque Louis XVI : à peintures nouvelles, cadres nouveaux. C'est une grande vérité qui fait bien lentement son chemin, mais dont M. Doucet est depuis longtemps l'apôtre inlassable.

La nouvelle bibliothèque Doucet est un organisme vivant dont chaque année voit le développement et l'accroissement. C'est le miroir artistique et littéraire de toute une époque. Le possesseur veut bien nous garantir que cet ensemble si précieux sera conservé intact pour l'enseignement des générations futures. Elles y

trouveront le fidèle reflet de l'âme d'un Parisien
d'après-guerre, passionnément épris de son
pays et de son époque, passionnément attaché à
toutes les beautés spirituelles et artistiques, aux
rythmes des mots, comme aux rythmes des
lignes et des couleurs.

Seymour de Ricci.

Achevé d'imprimer
le quinze décembre mil neuf cent vingt-six
sur les presses du maître imprimeur Coulouma
d'Argenteuil,
H. Barthélemy étant directeur.